Morita

LA NIÑA QUE DESPERTÓ SUS PODERES CREATIVOS

Suricatos

Morita
La niña que despertó sus poderes creativos

© del texto: Guisella Restrepo
© de las ilustraciones: Inkiluanna Art
© corrección del texto: Equipo BABIDI-BÚ

© de esta edición:
Editorial BABIDI-BÚ, 2024
Avda. San Francisco Javier, 9, 6ª, 23
Edificio Sevilla 2
41018 - SEVILLA - España
Tlfn: 912.665.684
info@babidibulibros.com
www.babidibulibros.com

Impreso en España
Primera edición: octubre, 2024

ISBN: 978-84-10329-10-2
Depósito Legal: SE 1375-2024

Morita

LA NIÑA QUE DESPERTÓ SUS PODERES CREATIVOS

Guisella Restrepo • Ilustrado por Inkiluanna Art

BABI
DI·BU

A mi amada hija Mariana y a todas las niñas que están floreciendo

Guía para quien acompaña la lectura

La intención de este cuento es acompañar a las niñas preadolescentes que están transitando el proceso de despertar a la pubertad, a comprender el ciclo menstrual desde una mirada trascendente más allá de un proceso físico-biológico. Y desde este nuevo entendimiento, que sean capaces de reconocer, honrar y aprovechar los poderes creativos que se despiertan cuando nuestro útero florece.

Este cuento narra el viaje que emprende Morita hacia cuatro portales, siendo acompañada por cuatro hembras de animales que, con su esencia y ejemplo, la acompañan a que despierte sus poderes creativos. Estos poderes son capacidades que cuando son recordadas, aceptadas y potencializadas se convierten en nuestros recursos mágicos para danzar y atravesar todo lo que la vida nos ponga en frente.

El gran desafío de Morita y de todas las mujeres una vez que somos conscientes de que estos cuatro poderes creativos se han despertado con la primera menstruación, será expresarlos y aprender a equilibrarlos, integrarlos y usarlos según la música que la vida nos invite a danzar.

En un mundo actual que valora en las mujeres el desarrollo de las cualidades de la modalidad masculina[1] de la consciencia (orientada hacia el sí mismo y los logros personales, la individualidad, la independencia, la diferenciación, la mente, la razón y la capacidad de estar solo/a) nos urge recordar las cualidades de la modalidad femenina[2] de consciencia (orientada hacia los vínculos, hacia la percepción y el cuidado del otro, las redes, la naturaleza, la corporalidad, el sentimiento, los logros comunitarios, la interdependencia, el encuentro) y así contribuir a reestablecer el equilibrio e integración de estos dos principios opuestos y complementarios

---

[1]Taroppio, Daniel; "El Vínculo Primordial", Ed. Continente, 2012, Pág. 113.

[2]Taroppio, Daniel; "El Vínculo Primordial", Ed. Continente, 2012, Pág. 112.

en nuestras vidas. A través de este cuento te invito a contribuir, empezando por ti, acompañando a las nuevas generaciones de niñas preadolescentes a cultivar el valor y la magia de la energía femenina, dejando atrás los paradigmas aprendidos de la menstruación como solo los días del sangrado, que producen dolor, cambios de humor, aumentan la sensibilidad emocional y limitan el hacer, para crear nuevas experiencias que nos permitan honrar nuestro útero, nuestra naturaleza cíclica y nuestros poderes creativos como un regalo del universo, exclusivo para las mujeres.

﷼﷼﷼﷼﷼﷼﷼﷼﷼﷼

Y lo que parecía ser un acontecimiento más en la vida de todas las niñas, se convirtió en el viaje más maravilloso y mágico que pudo experimentar Morita, cuando despertaron en ella los poderes creativos que latían en su interior y que la acompañarían toda su vida.

¿Te gustaría acompañar a Morita en este viaje y descubrir también tus poderes creativos?

¿Estás lista?

Aquí vamos…

Todo inició con una pregunta de Luli, la mujer que eligió Morita para que fuera su cuidadora y la acompañara en su viaje por la vida:

—¿Te gustaría aventurarte a un viaje para descubrir tus poderes creativos?

—¡¡Sííí, claro!!, me encantaría, ¿A dónde tengo que ir? ¿Por dónde empiezo? ¿Qué tengo que llevar? —dijo impaciente Morita.

—Tranqui, tranqui, ya te iré contando lo que necesitas en cada etapa del viaje; por lo pronto, te diré que nuestra aventura será en la naturaleza, que te ayudará a despertar y descubrir tus regalos mágicos.

—Mmm, qué bonito, me encanta la naturaleza —dijo emocionada Morita.

—Nuestro viaje durará más o menos 1 mes —le indicó Luli—. Lo haremos guiadas por la Luna, no llevaremos relojes ni calendario, solo nos dejaremos guiar por las señales de la naturaleza y de tu cuerpo. Visitaremos cuatro lugares mágicos en los que te recibirán cuatro animales mágicos. Te pregunto, Morita, ¿estás preparada?

—¡Sí lo estoy! —exclamó Morita.

—Ten todo listo, saldremos el primer día cuando la Luna empiece a crecer y la podamos ver —añadió Luli.

Esa noche Morita se movía de un lado para el otro, no podía dormir, estaba llena de ansiedad, pensando en cómo sería ese viaje y cuáles serían esos poderes creativos de los que hablaba Luli. Entonces Luli la metió entre su alita, como llamaban a ese refugio, entre los brazos y las costillas, y allí en ese abrazo, mientras Morita se dejaba arrullar por los latidos del corazón y el calorcito de la alita, empezó a cerrar sus ojitos hasta que cayó en sueño.

Se levantaron muy temprano y emprendieron el viaje.

—El primer portal que atravesarás… —empezó a decir Luli.

—¿Quééé?, ¿acaso no vienes conmigo? —interrumpió Morita.

—¡No! —le respondió Luli—, este viaje lo haces solita. Yo te acompaño hasta la entrada del portal y te espero a la salida para contenerte y compartir tu experiencia. Recuerda que, aunque no me veas, siempre, siempre estaré contigo, estaremos conectadas a través de un hilo invisible de amor.

Luego de caminar por un rato, de pronto llegaron al primer portal en un jardín gigante.

—¡Waooo!, qué hermoso portal, me gustan las rosas blancas con las que lo han decorado —no tardó en expresarse Morita.

—¡Sí!, realmente es hermoso —asintió Luli—, detente aquí y esperemos a que venga por ti, quien te va a guiar en esta estación.

Morita tenía sus ojos muy abiertos para observar toda la belleza de ese lugar; flores y frutos de todos los tipos y colores florecían a su alrededor, era como ver un arcoíris que sí podía tocar.

De repente ve a lo lejos venir un gran animal a mucha velocidad. Morita se asusta, grita y se repliega con todo su cuerpo, pensando que iba a ser embestida y devorada por ese animal.

Cuando de forma casi mágica, esa fuerza y esa velocidad, a medida que se acercaba más y más, se convirtieron en pisadas firmes, seguras, confiadas, y de repente, mientras estaba como una bolita, escuchó un: «Hola, Morita».

—¿Quién me estará hablando así? —dijo Morita, levantando la mirada.

No podía creer que esa calmada y dulce voz estuviera saliendo de la boca de esa loba salvaje que tenía en frente, y que hacía unos segundos parecía la quería embestir.

Pero sí, era la misma loba salvaje, que con una lamida en su mejilla la invitaba a dar un paseo para ayudarla a despertar uno de los poderes creativos que latían dentro de ella.

Morita miró a Luli de reojo, como esperando una indicación de si debía o no ir. A lo cual Luli asintió con un abrazo de despedida diciendo: «Puedes irte, llámala Likana».

Morita se subió en el pelaje de la loba Likana y se aferró con mucha fuerza a su cuello. Likana empezó a correr de forma increíble por entre los árboles y las flores, y aunque sus pisadas eran firmes y decididas, no lastimaban a las flores. Likana tenía claro su objetivo, sabía hacia dónde iba.

Poco a poco el corazón de Morita se sintonizó con el corazón de Likana, la loba salvaje, y entonces se atrevió a soltarse del cuello, pues se empezó a sentir segura de estar allí. Y confiando en su instinto, abrió sus brazos y se permitió disfrutar del viento que le rozaba a gran velocidad su cara y le acariciaba su corazón; de a poco se fue llenando de una energía que la invitaba a escuchar el latido de su corazón.

De repente Morita sintió que se despertaba en ella la libertad de elegir sus propios caminos, dejándose guiar por lo que le dijera su corazón. Así que, escuchándolo, empezó a conectarse con su coraje y nuevamente se tomó del pelaje de la loba salvaje Likana, y la guio hacia una montaña que le había llamado la atención desde que atravesó el primer portal. Morita llegó a un punto en el que había siete caminos, y ella debía elegir por cuál ir.

Entonces se dio cuenta de que, por primera vez en su vida, estaba completamente sola. No estaba cerca su madre, ni su abuela, ni sus amigas, ni nadie a quien preguntarle qué camino tomar, debía decidir por ella misma.

—¡Ay!, y ahora qué hago, ¿qué camino tomo? —dijo con voz temerosa Morita.

Su corazón empezó a latir como un caballo galopando, sus manos empezaron a sudar, y su cuerpo solo expresaba el miedo que le daba equivocarse.

Apenas Likana sintió que el latido del corazón de Morita estaba temeroso, le dijo:

—¿Quieres saber cuál es mi secreto cuando siento miedo?

—¡Sííí, por supuesto!, antes de que mi corazón estalle en mi pecho y siga aturdida sin saber qué hacer —dijo de inmediato Morita.

—Se llama SUMA.

—¿Y qué tiene que ver las matemáticas con el miedo? —no dudó en cuestionar Morita.

—No, no se trata de matemáticas —dijo riendo Likana—. El SUMA es como yo llamo al «suspiro mágico» que todos podemos activar en nuestro interior, que tiene el poder de transformar todas las emociones y ayudarnos a descifrar su mensaje. Para activar el suspiro mágico, solo tienes que llevar tu atención a los huequitos de tu nariz y tomar aire muy lentamente, permaneciendo superatenta a todo el recorrido que hace ese aire desde que entra por la nariz hasta que lo llevas a lo más profundo de tus pulmones, allí solo en el fondo de tus pulmones existe un polvillo mágico que, al mezclarse con el aire, lo convierte en tu suspiro mágico. Activa tu suspiro mágico al menos siete veces, y verás cómo la calma llega a tu corazón y a tu mente para que puedas ver con claridad lo verdadero y real de la situación, y así poder escuchar a tu corazón. ¿Quieres intentarlo?

—¡Síí claro!, sí que lo necesito —dijo Morita, asustada.

Fue así como Morita empezó a activar su SUMA por siete veces, y como por arte de magia, se fue dando cuenta de que cada vez se espaciaba más el «¡bum! ¡bum! ¡bum!» de su corazón y que empezaba a sentirse más calmada.

—Pero ¿cómo esto es posible? ¿Cómo puedo estar sintiéndome diferente con solo activar mis SUMAS? —dijo Morita, sorprendida.

—Bueno, te dije que era mi secreto, ahora también es tuyo —le respondió Likana.

De manera instintiva, Morita llevó las manitas a su corazón, y por primera vez sintió que este le hablaba. Percibió una voz que le decía:

—Ahora que estás calmada, mira cada uno de los siete caminos, e imagínate tomando cada uno de ellos, mientras lo haces lleva tus manos al corazón y siente qué tan rápido late y qué emoción aparece. Cuando sientas que el «¡bum!... ¡bum!... ¡bum!» de tu corazón es una danza de alegría que te genera paz y tranquilidad, sabrás que ese es el camino que deberías seguir, pues es un camino que has elegido desde el amor y no desde el miedo.

Así lo hizo Morita, puso sus manitas en su corazón y descubrió cuál de los caminos le generaba paz y tranquilidad, y entonces lo miró fijamente, y con voz firme le dijo a Likana:

—Iremos por aquí.

Likana siguió las indicaciones del camino elegido por Morita, quien iba cantando con mucha alegría en su corazón, y mientras lo recorrían le hizo una pre-

gunta: —¿Sabes qué poder creativo se ha despertado en ti?

—Siento que algo nuevo se ha despertado, pero no sé cómo decirlo en palabras, solo sé que me siento libre, segura y confiada de elegir mi propio camino que me llevará a mis más profundos sueños y deseos.

—Lo has dicho muy bien —le dijo Likana—, hoy te concedo tu **primer poder creativo: vitalidad y dirección.** Este poder te ofrece las siguientes cualidades que caracterizan a las lobas salvajes: la **energía**, el **instinto**, la **seguridad** y **determinación** de cada movimiento; la **vitalidad**, la **decisión** y la **confianza** que te permitirán moverte hacia alcanzar todos tus sueños y fantasías. Todo esto ya ha florecido en ti, cuídalos, nútrelos y recuerda que siempre estarán disponibles para ti, y los sentirás con mayor intensidad cuando tu cuerpo esté danzando en la fase de preovulación.

Poco a poco, el camino las fue llevando a un lugar donde Morita siempre había soñado estar; se trataba de una manada de lobos que cuando la vieron se abalanzaron sobre ella para darle la bienvenida a ese espacio, la reconocían como si fuera uno de ellos, y empezaron a caminar alrededor de ella en un aullido majestuoso. Morita estaba realmente feliz de haber cumplido ese sueño que guardaba en su corazón.

Al rato de estar allí, vio que a lo lejos se acercaba Luli, entonces entendió que su permanencia en ese primer portal había llegado a su final, Likana la llevó al encuentro con Luli, y con un abrazo se despidió de Morita, y así mismo con un abrazo Luli la recibió.

—Hola, Morita bella, qué lindo volver a verte, espero que hayas disfrutado esta primera etapa y que el **poder creativo: vitalidad y dirección** que te guío a despertar la loba salvaje Likana te acompañe por siempre y que sea el alimento para el siguiente portal —le dijo Luli a Morita.

—Y ahora, ¿a dónde vamos? —no tardó en preguntar Morita.

—Ya lo descubrirás —le respondió con voz misteriosa Luli.

🔔🔔🔔🔔🔔🔔🔔🔔🔔

Con pasos firmes y seguros, fueron saliendo del jardín y se adentraron en una selva. El camino por la selva inició en un lugar despejado, sin embargo, mientras avanzaban la selva se ponía cada vez más densa. Los sonidos de la naturaleza acompañaron el caminar; de repente miraron hacia arriba, y además de ver a la luna llena que todavía estaba en el cielo, aunque ya fuera de día, vieron un perezoso descansando en la parte más alta de un árbol, caminos de hormigas acompañaban su andar, y de pronto un bejuco en forma de columpio hizo que se detuvieran en el camino y disfrutaran del momento.

—¿Te quieres subir? —le preguntó Luli.

—¡Sííí!, me encantaría —respondió Morita con alegría y entusiasmo.

Así que Luli ayudó a Morita a subirse al bejuco y cuando menos lo pensaba, ya Morita se mecía en medio de la selva y sentía que el viento la refrescaba. Se dio cuenta entonces de que sí era posible andar por el camino y disfrutar, que sí se podía caminar y también tener tiempo para parar y disfrutar de lo que se iba encontrando en la naturaleza como árboles, animales, rocas. Cuando de pronto a lo lejos divisó el espejo más grande que había visto en su vida.

Siguieron caminando y se encontraron con un lago mágico que realmente parecía un espejo gigante, el cual reflejaba todos los árboles y el cielo a su alrededor. Flotando sobre el lago, descubrieron una choza gigante y muchas hamacas para descansar.

—¿Te gustaría que nos tomáramos un descansillo? —le preguntó Luli.

—Síí… ¡Estoy muy cansada! —le contestó Morita.

Se subieron a la hamaca y empezaron a mecerse, era tal la paz de ese lugar que hasta se podía sentir el sonido de los peces, las pirañas y los cocodrilos que nadaban en el lago. De repente, el sonido de un trueno las despertó. Se dieron cuenta de que empezaba a llover y que era la hora de partir. Levantándose rápidamente de la hamaca tomaron sus chompas y se subieron al botecito que las llevaría hacia el siguiente portal. Mientras navegaban en el botecito tocaban el agua del lago, y en-

tre un caminito muy muy estrecho con árboles y plantas a cada lado fueron avanzando por el interior de la selva hasta que finalmente llegaron al siguiente portal.

—Hemos llegado —dijo Luli—. Es el momento de desembarcar; ven, refugiémonos bajo este árbol hasta que lleguen a recogerte.

—¿Y quién va a venir por mí? —le preguntó Morita—. ¿En qué me voy a ir? —siguió preguntando Morita.

—Ay, Morita, haces tantas preguntas… Tratemos de esperar en paz y disfrutar —le dijo Luli acariciándole el cabello.

—Pero ¿cómo quieres que no esté angustiada si tengo enfrente un inmenso río, y ahorita ya no vas a estar? —seguía expresando Morita.

—¡Aaah! Entiendo, lo que te asusta es la inmensidad de este río —exclamó Luli mirando hacia el río—. ¿Sabes cómo se llama este río?

—¡No! Es la primera vez que lo veo.

—Pues te presento al gran señor río Amazonas, un río lleno de mucha magia. Magia que tú misma descubrirás dentro de poco —dijo Luli con mucha emoción.

De pronto empezaron a ver a lo lejos algo que entraba y salía del río, con mucha gracia y diversión.

—Oye Luli, ¿tú estás viendo lo mismo que yo? —enseguida preguntó Morita.

—¡Ajá! —asintió Luli con su cabeza.

—Pero ¿qué son? No alcanzo a ver, pero se ve que están jugando y se lo están pasando súper —decía Morita.

Mientras se deleitaban tratando de descubrir quienes estaban danzando en el agua,

Luli sacó de su mochila un collar que tenía un dije con la forma de un huevito, y se lo colocó en el cuello de Morita diciéndole:

—Este es el símbolo de la primera semilla que se despertará dentro de ti. Solo en el momento exacto esa semilla florecerá.

—Pero ¿cuándo será eso? —preguntó enseguida Morita.

—Eso será una sorpresa, nunca sabremos el día exacto que florece, pero el día que lo haga, te indicará que se han despertado en ti tus poderes creativos.

Sin darse cuenta, de repente, justo allí en la orilla, estaban estas criaturas danzarinas, y Luli y Morita reconocieron que se trataba de delfines rosados del Amazonas.

Fue un momento de conexión maravilloso que se dio de manera inmediata entre una delfín y los ojos brillantes de Morita. No hubo necesidad de palabras, sonidos ni gestos, pero algo le decía a Morita que era hora de dar un abrazo de despedida a Luli y entregarse a la aventura de un nuevo portal.

—Disfruta este nuevo portal con la delfín Alane —dijo Luli mientras abrazaba a Morita.

Morita se fue acercando a la orilla al encuentro con la delfín Alane quien con su trompa la invitó a subirse en ella. Al principio con mucha duda y aún con su cuerpo temblando de miedo se subió sobre el cuerpo mojado de la delfín Alane y emprendieron el viaje a través del río Amazonas. Ni Alane ni Morita habían pronunciado una palabra, y aun así la conexión y el respeto entre ellas había florecido. El silencio se rompió cuando estaban cerca del portal y empezaron a aparecer, como de la nada, muchas delfines a su alrededor, unas se aproximaban por la derecha, otras por la izquierda, otras por detrás.

Morita se sintió asustada y empezó a gritar:

— Nos atacan, nos atacan, ve más rápido por favor.

—Ja, ja, ja —soltó una carcajada Alane—. No nos van a atacar… Vienen a jugar, vienen a acompañarnos en el viaje. ¿Quieres que te diga un secreto, Morita? —le preguntó Alane.

—¡Sí, sí quiero! —le dijo Morita, ya más calmada.

—El viaje de la vida no se hace sola, siempre necesitamos de otros seres para poder atravesar el camino de la vida.

—¿Y por qué necesitamos de los otros? ¿No podemos ir solas y atravesar el portal? —no tardó en cuestionar Morita.

—No, Morita, el viaje de la vida necesita de los vínculos, y ese es uno de los regalos de este portal: aprender a conectarnos con otros, a cuidar los vínculos, a aprender a compartir, a aceptarnos, a amarnos y a respetarnos.

Alane sabía que esto apenas comenzaba, así que silbó, y todas las delfines a su alrededor se alinearon y comenzaron una danza de sincronía, juego y diversión.

—¡Yupiiii! —gritó Alane—. Este viaje es muy largo, así que hagámoslo divertido.

Y siguiendo el ejemplo del agua, Alane fluía con gracia y dulzura a favor de la corriente, y con movimientos ondulantes entraba y salía del agua con Morita sobre su lomo.

De pronto Morita se dio cuenta de que la semillita que tenía en el collar que le había dado Luli al entrar en contacto con el agua, empezó a crecer y a cambiar de color. Y así mismo Morita sentía que algo cambiaba en su interior, comenzó a soltarse cada vez más y más. Entonces movía sus brazos como si fueran cintas al viento, sus muñecas y sus dedos parecían como si en vez de huesos estuvieran llenos de agüita.

Para llegar al segundo portal, debían pasar por donde estaban unas embarcaciones de pescadores. Como las delfines estaban acostumbradas a acercarse a las

embarcaciones para conectar con los humanos, mientras jugaban y danzaban alrededor en un acercamiento, se arrimaron tanto que una delfín fue golpeada y lastimaron una de sus aletas. El río se enrojeció y Morita, muy asustada, se quedó observando cómo todas las delfines se juntaron a su alrededor para cuidarla, contenerla y sostenerla.

—Tranquila, Morita —dijo con voz calmada la delfín Alane—. Hemos aprendido a construir vínculos y sabemos cómo cuidarnos entre todas. Todo va a estar bien.

Morita siguió observando en silencio mientras veía cómo se iban turnando en grupitos de delfines, rodeándola para ayudarla a llegar al portal. Finalmente, después de ese largo viaje a través del río Amazonas, llegaron a un lugar lleno de colores, de alegría, de expresividad y de mucha creatividad.

—¡Waooo!, no sabía que las delfines, además de nadar, también podían pintar, cantar, escribir, cocinar, dibujar, hacer comics, tocar instrumentos, tejer, bordar, recitar, danzar y todo esto que estoy observando. ¿Cómo es esto posible? —no tardo en decir Morita.

La delfín Alane la miró a los ojos y le respondió:

—En nuestro interior llevamos muchas semillitas como un símbolo de nuestro potencial creador. Independiente del resultado de lo que creamos, es en el **acto de crear y de expresar,** donde está nuestro poder creativo. Cada una de estas delfines que estás viendo han despertado ya su poder creativo, y muy pronto tú también lo despertarás.

—¿Yo también? —expresó Morita, sorprendida y ansiosa.

—Desde el día que florezca la primera semilla en ti, cada mes te será recordado ese poder creativo. El mágico poder que se nos ha concedido como mujeres para crear vida, sueños, ideas, proyectos, intenciones.

—¿Y cuándo será eso? —preguntó Morita.

—Como es un regalo sorpresa, no sabemos cuándo es el día exacto —le respondió Luli.

—¿Y qué tengo que hacer para que mis semillas ideas y mis sueños maduren y florezcan? —continuó preguntado Morita, con mucha curiosidad.

—Bueno, ¿recuerdas cómo actuaron las delfines con la delfín herida?

—Sí, sí me acuerdo —respondió Morita.

—Para ti, ¿qué estaban haciendo? –le preguntó Alane.

—La cuidaron hasta llevarla a un lugar seguro —le dijo Morita.

—Lo has dicho muy bien, y eso mismo es lo que debemos hacer con nuestras semillas de creación: reconocerlas, cuidarlas, nutrirlas, amarlas, brindarle las condiciones para que florezcan. Así como cuando una semilla cae en la tierra y confía en que la tierra, el agua, el aire y el sol le brindarán las condiciones que le permitirán crecer, de la misma forma las semillas de creación que llevas en tu interior confían en que tú las cuidarás hasta verlas florecer, disfrutando en todo momento de ver cómo se transforma la semilla.

Morita se quedó pensando por un momento y, señalando la semilla que llevaba colgada en su cuello, dijo:

—¿Acaso esta semillita que me dio Luli y que se empezó a transformar cuando entró en contacto con el agua es como la semilla que llevo dentro de mí?

—¡Así es! —asintió la delfín Alane.

—Pero ¿cómo es posible? Si yo no tengo tierra dentro de mí para que esta semilla florezca —le refutó Morita.

—Claro que no tienes tierra —dijo Alane sonriendo—, pero llevas en tu interior las cualidades de la tierra bajo otra forma.

—Explícame más, porque no entiendo nada —le dijo Morita.

—En tu interior tienes un lugar donde se activan los cuatro poderes creativos, yo lo llamo cuenco mágico, pero es más conocido como útero. Este cuenco mágico está ubicado unos cuatro deditos debajo de tu ombligo y es el que te provee de la «tierra fértil» para sostener, contener y nutrir cada semilla de vida, de ideas, de sueños, de deseos, de anhelos que surgen desde lo más profundo de tu ser. Este cuenco mágico solo se manifiesta en el cuerpo de las mujeres, y una vez que se despierta con la primera semilla que florece, se activan tus cuatro poderes creativos.

—¿Cuatro poderes creativos? ¿De qué me hablas, Alane? —dijo Morita.

—Ven, te explico —continuó Alane—: Estos cuatro poderes creativos que se despertarán en ti se repetirán todos los meses como un ciclo en espiral. Y aunque a veces lo olvidemos, mes a mes, la Luna y tu útero en su danza cíclica te recordarán que tienes estos cuatro poderes creativos activos, listos para usar según los desafíos que la vida te ponga enfrente.

Morita escuchaba con mucha atención, sin perderse ni una sola palabra. Su silencio le permitió escuchar cómo la semilla de su collar se movía y latía con vida propia. A la vez que sintió que su corazón también latía al ritmo de esta semilla. Lo que le sintió hacer en ese momento fue acercar sus manitas alrededor de la semilla para darle calor, amor y acompañarla a florecer.

—¿Por qué hiciste eso, Morita? —le preguntó Alane.

—Sentí en mi interior algo que me invitaba a cuidar, nutrir y acompañar a esta semilla que tengo colgada cerca

de mi corazón y que está cambiando en cada latido.

Alane la miró con mucho amor y le dijo:

—Creo que ya se ha despertado tu **segundo poder creativo: vínculos y creación.** Se ha despertado tu capacidad de **crear y dar a luz vida, sueños, ideas o proyectos** mientras tejes **vínculos** y nutres **relaciones** para crear sueños comunes. Recuerda que siempre estará disponible para ti, lo sentirás con mayor intensidad cuando tu cuerpo esté danzando la fase de la ovulación. Pronto finalizará nuestro momento y seguirás descubriendo los otros dos poderes creativos que se despertarán en ti.

Morita estaba fascinada viendo todas las expresiones de vida, sueños, ideas, deseos de las delfines, quienes con su cuidado lograron dar a luz sus dibujos, poemas, cuentos, comics, canciones, entre otros... Morita no tardó en empezar a sentir un poco de nostalgia al pensar que pronto debería abandonar ese lugar tan colorido, lleno de vida y de energía creativa. Pero a través de cada portal, Morita estaba también entendiendo el significado de los ciclos como algo que inicia, se termina y vuelve a iniciar, y llegando a la comprensión de que lo que ella creía el final solo era el comienzo de algo nuevo.

Entonces se fue despidiendo de forma juguetona, amorosa y creativa de cada una de las delfines que estaban en el lugar, y cuando ya no le quedaba ninguna por abrazar y agradecer por el vínculo tejido, se subió en Alane y emprendieron el camino hacia el encuentro con Luli.

El viaje estuvo cargado de risas, saltos arriesgados y sorpresas, hasta cuando vieron a lo lejos una figurita que batía las manos como indicando el lugar donde Alane debía llevar a Morita.

Cuando llegaron a la orilla, Morita se despidió con un fuerte abrazo de Alane, y con el mismo silencio, como cuando la vio por primera vez, sellaron ese vínculo.

Alane se alejó y dio un triple salto para recordarle a Morita que el viaje es un ciclo en espiral y que siempre habrá tiempo para disfrutar y gozar el camino.

—¡Chaoooo! —le gritó Morita a Alane desde la orilla.

—¡Gracias, Alane!... Pronto nos volveremos a ver —gritó Luli mientras se despedía.

—¿Pronto? —pregunto Morita—. ¿Cuándo será?

—El próximo mes volverás a recordar —respondió Luli.

—¡Aaah!, ya entiendo, eso es lo que significa ser cíclicas.

🐧🐧🐧🐧🐧🐧🐧🐧🐧🐧

Luego de esta despedida, Morita y Luli entraron nuevamente en la selva hacia la búsqueda del nuevo portal. Caminaron y caminaron durante toda la noche en completo silencio, hasta cuando al fin Morita se atrevió a romperlo y le preguntó a Luli:

—Luli y ahora ¿para dónde vamos?

—Tranquila, déjate sorprender —le dijo Luli como siempre, con su voz tranquila y juguetona.

A lo lejos se empezaba a ver un castillo inmenso. Todo estaba oscuro y solo lo iluminaba la luz de la luna menguante.

Morita se empezó a poner un poco asustada con solo pensar en quedarse sola en ese castillo gigante sin Luli. Cada paso que daban en ese camino aumentaba la emoción de miedo para Morita.

—¿Qué sientes, Morita? —preguntó Luli.

—Tengo miedo de quedarme solita y no saber qué hacer en medio de tanta oscuridad —le indicó Morita.

Entonces Luli le pidió a Morita sentarse y empezar a respirar profundamente y con calma.

—¿En qué lugar de tu cuerpo sientes el miedo, Morita? —le preguntó Luli.

—En mi panza —dijo con voz temblorosa Morita.

—¿Qué forma tiene ese miedo? —siguió preguntando Luli.

—Parece como una bola en mi panza —dijo Morita mientras tocaba su pancita.

—¿Te gustaría que te enseñara cómo puedes sacar los miedos afuera para que los veas mejor?

—Sí, por favor —le dijo Morita, con la cabeza mirando al suelo.

—¡Listo! Para sacar los miedos afuera, te invito a practicar el «soplido del globo». Ven, hagámoslo juntas… Vas a inhalar profundo por tu nariz, y cuando vayas a exhalar, hazlo por la boca imaginando que tuvieras un globo en tus labios que necesitas inflar. Así, con cada gran inhalación profunda, te llenarás de todo el aire que te sea posible, y en cada exhalación soplarás el aire visualizando cómo sale de tu cuerpo la bola negra sientes en tu panza o cualquiera que sea la forma en que se te haya manifestado tu miedo. Cuando sientas que el miedo está dentro del globo, vas a soltarlo de tus labios y a soplarlo para que se eleve hacia el cielo. Observa cómo el globo se aleja por entre las nubes, llevando dentro la bola de miedo que sentías en tu interior. Sigue soplando desde la tierra para que se siga elevando muy alto hasta que alcance la punta de una estrella y se explote «¡¡pum!!». Visualiza cómo ese miedo en forma de bola negra se desintegra y se transforma en partículas más pequeñas que podrás ver y gestionar mejor. Te invito a soplar y dejar que una estrella explote tu globo las veces que sea necesario hasta que te sientas más tranquila para seguir.

Así lo hizo Morita, y con cada soplido del globo sentía que los latidos de su corazón danzaban con más tranquilidad.

—Estoy lista para seguir —dijo Morita.

Siguieron por el sendero y llegaron al castillo. Un gran letrero en la entrada decía: «Adentro es más seguro que afuera».

Llegaron a la puerta, era alta y ancha, con un timbre de color negro que cuando tocaron, el sonido que escucharon fue: «miauuu».

Al abrirse la puerta, una hermosa y misteriosa gata negra las recibió.

—¡Hola, Morita!, te estaba esperando —saludó la gata negra.

—¿A mí? —dijo Morita.

—Sí, a ti Morita, a ti te estaba esperando —dijo con tono juguetón y gozoso la gata negra.

—Permíteme y me presento. Me llamo Clay, y soy la reina de mi castillo. Yo me encargaré de que tu paso por este portal te permita crear tu propio castillo y convertirte en su reina. Por el momento es hora de despedirte de Luli, quien sabrá cuál es el tiempo exacto para recogerte.

Ante esa gata negra, misteriosa y gozosa, Morita se sintió algo intimidada. «¿Castillo? ¿Reina?», esas palabras revoloteaban en la mente de Morita, que abrazó a Luli con tanta fuerza como si no quisiera desprenderse de ella.

Luli se dejó abrazar hasta que, a su ritmo, Morita fue aflojando los brazos de su cuello.

Clay y Morita, desde la puerta, vieron alejarse a Luli, y cuando ya no se divisaba más su figura, se quedaron afuera contemplando la luna menguante.

—¿Qué significaba el letrero «Adentro es más seguro que afuera»? —le preguntó Morita a Clay.

—Eso lo descubrirás tú misma —le respondió con voz misteriosa la gata—. Cuando entremos al castillo deberás quitarte el collar con la semilla y permitir que siga su proceso —le advirtió Clay.

—Pero... ¿cómo?, ¿así? Si es un regalo que me dio Luli... —le reclamó Morita.

—Sí, lo sé, y comprendo lo importante que es para ti, pero ya no la necesitas más en este nuevo portal. Ya cumplió su propósito y debes continuar el viaje sin la semilla.

—Pero no quiero, me gusta mucho, es mi regalo —le dijo Morita con lágrimas en los ojos.

—¿Qué crees que pasaría si quisieras retener una mariposa entre tus manos y

la mariposa necesitara volar? —le preguntó Clay, con un llamado a la reflexión.

—No lo sé —dijo Morita mirando hacia abajo.

—Lo que le pasaría es que le harías daño, que le malograrías sus alitas, y aún sin intención le quitarías su derecho a la libertad. Así mismo, como ya nutriste y cuidaste tu semillita, debes dejarla que continúe solita y quedarte con sus recuerdos en tu corazón —le explicó Clay.

Con mucha tristeza, Morita se quitó el collar y lo dejó en una macetica para que continuara su camino, para que floreciera, diera frutos y nuevas semillas, y así continuar el ciclo de la vida o bien se transformara en una idea, en un proyecto, en una canción, en un dibujo o en una nueva inspiración.

—Entiendo tu tristeza —le dijo Clay, acercándose a Morita—. Cuando perdemos algo muy importante para nosotras, asoma la tristeza. Lo importante es que aprendas a autocontenerte y abrazarte con compasión cuando te sientas triste. Es válido llorar y sentir el dolor de las pérdidas, pero teniendo siempre presente soltar, agradeciendo lo vivido, lo aprendido y lo disfrutado.

Mientras Morita lloraba, Clay le seguía explicando que desde el momento en que se despiertan los poderes creativos, cada mes, a través de nuestro cuerpo recordamos nuestra capacidad de soltar y abrirnos a una nueva creación.

—¿Quieres saber cómo? —le preguntó Clay.

—Sí, claro —le respondió Morita.

—Si la semilla que brota dentro de ti no tiene las condiciones para crear una nueva vida, esa energía de creación que tiene la semilla le manda una señal a tu cuenco mágico, ese del que te habló la delfín Alane, avisándole de que ha llegado el momento de soltar, de desprenderse de ese espacio de nutrición que había creado para cuidar la nueva vida y usar esa energía en otra nueva expresión de creación —le explicó Clay.

—O sea, ¿que solo se trata de transformación, de un cambio de creación?... Pero la energía sigue presente... —se expresó Morita con voz dudosa.

—Así es, Morita, como nos enseña la ciencia: «La energía no se crea ni se destruye, solo se transforma» —continuó hablando Clay.

—Entonces, si aprendo a soltar, ¿nuevas cosas podrían aparecer? —dijo Morita desde su entendimiento.

—¡Sí, Morita!, de aquí en adelante todos los meses te será recordado que tus pérdidas también son el inicio de nuevas creaciones, nuevos ciclos, nuevas vidas y oportunidades —le confirmó Clay.

—¿Quieres decir que todos los meses voy a sentirme así, cambiante y cambiante? —preguntó con curiosidad Morita.

—¡Sí, Morita!, todo cambia constantemente, y desde el día que despierta y sale a luz tu primera semilla, se activarán en ti los poderes creativos como una manifestación de tu naturaleza cíclica, que te invita a cambiar, a fluir, a entregarte y aprovechar tus poderes creativos para atravesar cualquier situación que se te presente —le explicó Clay.

Era ya muy tarde, así que Clay le propuso a Morita descansar para tener energías para el desafío que le esperaba al día siguiente.

Cuando se acostó, se quedó observando todos los detalles del cuarto, sin embargo, al poco tiempo de colocar su cabeza en la almohada, Morita se quedó dormidita.

A la mañana siguiente Morita se despertó con el maullar de Clay, que la hizo saltar de la cama, y cuando salió del cuarto vio que se estaba bañando en una tina llena de flores en medio del patio del castillo. Se quedó escondida desde donde no fuese vista por Clay para espiarla. Entonces se dio cuenta de que cuando la gata terminó su baño se puso a lamerse todo su cuerpo y sus paticas. Luego la vio frente al espejo ronroneándose a sí misma, consintiéndose, acicalándose y disfrutando de ser ella. Después vio que abrió un cofre y sacó un collar con plumas, hojitas y cascabelitos y se lo colocó sobre el cuello. Cuando terminó de consentirse, se fue a tomar su desayuno en un ritual de disfrute. Vio cómo Clay se relamía los labios con cada bocado y maullaba en señal de que estaba disfrutando de todo lo cotidiano. Morita no aguantó más, salió de donde estaba escondida y le preguntó:

—Si ésta es tu rutina diaria, ¿por qué tanto disfrute, tanto detalle, tanta magia?... Además, siempre han dicho que los gatos odian el agua, entonces, ¿cómo es que tú disfrutas de un baño de tina con flores?

—Ja, ja, ja. Querida Morita, hay un poder creativo que se activa en nosotras, y es el poder de la magia creativa.

—¿Magia creativa? ¡Ah!, ya entiendo el porqué de este castillo de bruja —le dijo Morita.

—Ja, ja, ja —siguió riendo Clay—. No me juzgues por mi color ni creas que porque los gatos negros son asociados a los rituales con brujas, yo soy una bruja... ¡Noooo!, para nada, la magia a la que me refiero es la magia creativa, esa que hace de lo rutinario un motivo de disfrute, de gozo, de presencia; la que hace que todo momento esté lleno de magia y luz. Cada detalle hacia nosotras y hacia nuestro entorno es un regalo de cuidado.

—¡Aaah! Ya te comprendo… Es decir, ¿que yo también tengo ese poder de la magia creativa? —de inmediato preguntó Morita.

—Sí, por supuesto, a todas las mujeres se nos despierta este poder creativo —asintió Clay.

—¿Y cómo hago para que se me active? —fue la siguiente pregunta de Morita.

—Lo avivas cada día con el fuego de tu corazón, estando presente en el instante que estás viviendo y haciéndote la siguiente pregunta: «¿Qué haría mi hada interior para hacer de este momento un momento mágico, inolvidable y de mayor disfrute?» —le explicó Clay.

—¡Waooo! O sea, ¿que dentro de mí hay un hada interior? —dijo Morita, sorprendida.

—¡Síí! En todas nosotras habita un hada interior —le reafirmó Clay—. Bueno, Morita, ha llegado el momento de explicarte cuál será tu desafío en este portal, bajaremos al sótano de este castillo y allí ingresarás a un laberinto.

—¿A un laberinto?, ¿y para qué? —preguntó Morita, caminando hacia atrás.

—Este es un camino que debes recorrer para despertar a la niña SS que también te habita —Dijo Clay con voz misteriosa.

—¿Niña SS?, ¿y eso qué significa? —preguntó Morita.

—Niña SS significa niña sabia y salvaje que duerme en ti quiere despertar —le respondió Clay.

—¿Y cómo un laberinto hará que se despierte la niña SS? —enseguida preguntó Morita.

—Pues eso lo descubrirás tú misma —le dijo Clay—. ¿Te acuerdas del letrero a la entrada «Es más seguro adentro que afuera»?... Bueno, al llegar a la salida del laberinto entenderás lo que esto significa. Mientras estés en el laberinto escucharás muchas voces que te dirán por dónde ir, cuándo parar, cuándo continuar o qué hacer. Pero tu verdadero desafío será, que aun escuchando todo lo que te digan afuera, tendrás que escuchar solo a tu corazón para despertar a la niña sabia que llevas dentro y que se deja guiar solo por su voz interior —continuó explicando Clay.

—Bueno, entiendo que así se despierta la niña sabia, pero ¿cómo se despierta la niña salvaje?, ¿me convierto en loba o en otro animal salvaje? —preguntó Morita en tono chistoso.

—La niña salvaje se despierta cada vez que te muestras auténtica y única, y que confías en que eres capaz de afrontar cualquier desafío que te ponga la vida enfrente, aprovechando toda la energía salvaje que tienes dentro de ti.

—Listo, ahora me queda claro que despertar la niña SS significa recordar lo sabio y salvaje de mi ser —dijo Morita.

—¡Chí! —le dijo Clay con voz juguetona—. Te cuento un truquito que yo practico cada vez que necesito recordar mis poderes de niña SS, solo tienes que silbar como una serpiente, solo esto: «SSSSSSSSSSSSSSSS».

—«SSSSSSSSSSSSSSSS» —empezó a practicar Morita.

—¿Estás lista para el viaje? —le dijo Clay al oído, dándole un abrazo.

—No lo sé, «SSSSSSSSSSSSSSSS», pero mi instinto salvaje me dice que dé el paso —dijo Morita después de poner en práctica el silbido de serpiente.

Fue así como Morita, aún con su miedo latiendo dentro de ella, conectó con su coraje y dio el primer paso dentro del laberinto.

Luego de unos pasos en el laberinto el miedo se hizo más intenso y Morita empezó a gritar pidiendo que la sacaran. Tal como se lo había dicho Clay, empezó a escuchar voces de afuera que le decían que se tranquilizara, que todo iba a estar bien. También recordó que escuchara lo que escuchara de afuera, a quien debía seguir era a su niña SS (sabia/salvaje). Así que empezó a poner en práctica lo que había aprendido en este viaje, y recordó el soplido del globo que le había enseñado Luli para transitar el miedo. Entonces empezó a aplicarlo, y luego de cuatro veces de explotar su globo, se sintió lista para continuar en el laberinto.

Siguió en el camino y de repente se encontró con la primera bifurcación.

—Ve por la derecha —le decía una voz de afuera.

Y aunque su estómago se arrugó cuando su cuerpo giró para tomar el camino de la derecha, tomó ese camino que al final la llevó hacia un hueco. Entonces tuvo que regresar por el mismo camino hasta donde había iniciado la bifurcación.

Morita recordó lo que le había dicho Clay: «Puedes escuchar las voces de afuera, pero debes escuchar lo que te diga tu voz interior». Entonces fue consciente de que hacía un momento, cuando su cuerpo giraba para tomar el camino de la derecha, había sentido que su estómago se había arrugado. Fue entonces cuando comprendió que la voz interior no se manifestaba con palabras, sino con sensaciones en el cuerpo, y que debía estar atenta a escuchar los mensajes de su cuerpo y de su corazón.

Siguió entonces por el camino del lado izquierdo del laberinto. Mientras andaba le empezaron a llegar mensajes:

—¡Eres una tonta! El primer camino que cogiste no era, ahora vamos a llegar quien sabe a qué hora —le decía una voz juzgadora que venía de afuera.

Morita se encogió de brazos con eso que escuchó, y eligió echar mano de lo recién enseñado por Clay: «Puedes escuchar lo de afuera, pero debes conectar con lo que te diga tu voz interior». Entonces paró, respiró profundamente, llevó las manos a su corazón y escuchó una voz suave y compasiva que le recordó que si no hubiese tomado el camino equivocado, no se habría dado cuenta de que su cuerpo le habla y que la niña sabia debe estar atenta para escucharlo.

Recuperó su postura erguida y siguió caminando por el laberinto; cada camino con diferentes desafíos, unos le requerían a Morita nadar; otros, saltar; otros, andar en cuatro patas; algunos, danzar muy rápido; otros, danzar muy lento, y aunque muchas veces fue necesario el retroceso del camino inicialmente elegido, comenzó a afinar su oído interior para escuchar su cuerpo y su corazón. Lo que no cambió en Morita durante el recorrido fue la energía para avanzar con determinación hacia adelante, honrando su energía de niña salvaje.

En un punto muy avanzado del camino, en el que solo se oían las pisadas de Morita sobre las hojas secas soltadas por los árboles en otoño, recordó algo que había aprendido de la gata Clay sobre activar el poder de la magia creativa. Así que, además de caminar por el laberinto con el objetivo de encontrar la salida, se atrevió a disfrutar de cada paso cantando, moviéndose, riéndose de ella misma, haciéndose bromas a sí misma y jugando con lo que se iba encontrando. Morita experimentó que la magia creativa consistía en hacer de cada momento, un momento mágico, consciente y disfrutado.

Esta parte del trayecto lo anduvo con determinación y mucho juego, hasta que empezó a ver algo de luz a lo lejos, y supo que el laberinto estaba llegando a su final. Sintió mucha alegría por todo lo recorrido, por las caídas, por las rodillas raspadas, por el cansancio, por la tristeza, por los enojos, por los miedos, porque en cada parte del trayecto aprendió algo. Cuando finalmente llegó a la salida, se sintió feliz y tranquila.

—¡Moritaaaa! ¿Comprendiste la frase «Es más seguro adentro que afuera»? —no tardó en preguntarle Clay, quien estaba esperando a Morita a la salida del laberinto.

—¡Síííi! ya sé lo que significa —le dijo Morita, emocionada—, significa que confíe en mi voz interior, pues es la voz de mi niña sabia, que me lleva por los caminos en los que necesito aprender o disfrutar.

—¿Y qué más aprendiste? —le seguía preguntando Clay con voz juguetona.

—Bueno, también aprendí que el camino está lleno de desafíos y que me toca fluir con lo que tenga en frente, lo veo como si voy a una fiesta y salgo a bailar, si lo que suena es música rápida, entonces, para llevar el ritmo, mis pasos deberán ser rápidos, y cuando la música cambie sin avisar y la que suene sea música lenta, entonces, para llevar el ritmo, tendré que bajar la velocidad de mis movimientos y seguir el ritmo de la vida —con voz de sabia compartió Morita su reflexión.

—¡Waooo, Morita! Qué bonita comparación la que hiciste de los desafíos con la música que nos invita a bailar la vida.

—Para que veas todo lo que aprendí en ese laberinto —le dijo Morita con voz y movimiento juguetón.

—¿Algo más que hayas aprendido? —siguió indagando Clay.

—Muchas cosas, Clay, también me di cuenta de que se puede avanzar hacia las metas disfrutando del camino.

Esto lo descubrí casi llegando al final, pero lo descubrí, y desde ese momento mis últimos trayectos sí que fueron de gozo, aun cuando me tocaba retroceder en el laberinto, ja, ja, ja —con una carcajada, riéndose de sí misma, terminó su frase Morita.

—¡Aaah!, mira que... —intentaba decir Clay cuando fue interrumpida por Morita.

—Y también descubrí que tengo un hada interior con pócimas mágicas para hacer de cualquier actividad algo realmente extraordinario, mágico y con propósito, esto lo logro solo mezclando en la pócima mágica mi intención, mi presencia y mi creatividad —le contó Morita.

—¿Qué emoción te acompaña en este momento? —le preguntó Clay.

—Ummm... Siento mucha alegría, pues acabo de descubrir a la niña sabia y salvaje que llevo dentro de mí.

—¡Miauuu!, ¡miauuu! —ronroneó Clay—. Ahora podemos decir que los poderes creativos de este portal ya están activos en ti.

—Y esos son... ¡ta-ra-ta-tán!... —dijo Morita con voz misteriosa.

—El **tercer poder creativo: sabiduría y disfrute,** que te permitirán andar la vida en compañía de tu niña sabia, esa que **escucha y confía en tu voz interior,** que **sabe qué camino elegir**, qué recursos necesita para danzar la música que la fiesta de la vida te invita a danzar, y que **sabe cuándo soltar** con gracia y gratitud lo que ya cumplió su propósito en tu vida. Además, este tercer poder creativo te recuerda a tu niña salvaje, esa que tiene la **libertad de ser quien**

quieres ser, que se permite **honrar su auténtica esencia** y hacer de cada paso un momento mágico de **disfrute y gozo de la vida.** Este poder creativo lo sentirás con mayor intensidad cuando tu cuerpo esté danzando en la fase de premenstruación.

—¡Síííí! ¡Síííí! ¡Síííí! Todo esto quedó registrado en mí —expresó Morita con mucha emoción.

—Eso me encanta —le dijo Clay—, preparémonos esta noche para celebrar lo aprendido, haremos una pausa y disfrutaremos en medio del camino. En tu habitación encontrarás muchos elementos que te permitirán crear un vestido mágico para celebrar que ya el tercer poder creativo hace parte de ti.

Fue así como Morita tomó de lo que encontró en su habitación y creó un ves-

tido lleno de magia y brillo. Cuando salió de su habitación y llegó al salón, fue recibida por Luli y Clay y un grupo de siete gatas negras, quienes hicieron un círculo para que Morita danzara en el centro. Entre todas tejieron un momento de mucha magia y disfrute para Morita.

Al finalizar la celebración, Luli hizo señas a Morita de que era hora de partir, pero ella no deseaba que ese momento terminara.

—Pero ¿por qué se tiene que acabar si estoy pasándolo tan bien? —dijo Morita con tristeza mientras miraba a Luli y a Clay.

—Recuerda tu poder creativo de soltar con gratitud y quedarte con el aprendizaje y el disfrute —dijeron al tiempo Luli y Clay.

Después del abrazo de despedida entre Clay y Morita, Luli tomó a Morita de la mano y salieron del castillo para emprender su nuevo camino en medio de la noche.

ॐॐॐॐॐॐॐॐॐॐ

Al poco rato de estar andando, Morita empezó a sentirse cansada y le pidió a Luli que se detuvieran a descansar.

—No sé por qué me siento tan cansada si apenas acabamos de empezar a caminar —le dijo Morita a Luli.

—Es normal que te sientas así en este momento del camino, tu cuerpo te está hablando y te invita a hacer una pausa, así que debemos escucharlo. Caminemos con calma hasta la siguiente cueva, y descansemos allí hasta mañana.

Entonces se detuvieron a descansar en una cueva, donde todo estaba muy oscuro, pues era tiempo de luna nueva, así que tuvieron que encender una fogata para alumbrar la cueva mientras hacían una pausa para descansar.

De repente, los rayos de sol alumbraron dentro de la cueva.

Luli, que era madrugadora, se despertó cuando el primer rayito de sol iluminó su cara; sin embargo, Morita estaba profundamente dormida sin dar muestras de querer levantarse, así que Luli utilizó uno de sus trucos para despertarla: las cosquillas y las canciones, y después de un buen rato de juguetear, Luli logró poner a Morita en pie.

Emprendieron nuevamente la que sería, la última etapa de este primer ciclo, y a la vez el comienzo de uno nuevo. Se trataba de inicios y finales, de muerte y renacimiento, de oscuridad y de luz. Caminaron por varias horas hasta que llegaron a un majestuoso mar azul de hermosa y suave arena blanca, acompañado de un horizonte infinito. Aparentemente, en ese mágico lugar solo estaban Luli, Morita y el inmenso mar. Entonces Morita no se aguantó las ganas de hablar:

—¡Ay, Luli! Aquí no hay nadie, no me vayas a dejar sola —no tardó en refutar Morita.

—Ja, ja, ja. Sabía que me dirías eso. Tranquila, solo sé un poco paciente, ya están llegando —le dijo Luli a Morita.

—Está bien —dijo Morita.

Y fue pasando el tiempo cuando, de pronto, fueron apareciendo del mar muchísimas tortugas que empezaron a caminar muy lentamente sobre la arena blanca. Entre ellas, una tortuga se fue acercando con un paso muy lento hasta el encuentro con Luli y Morita.

—Hola, querida Marcy, qué gusto volver a verte —dijo Luli abrazándose con la Tortuga.

—Hola, Morita. Soy la tortuga Marcy, gracias por haber llegado hasta este portal —dijo la tortuga con una voz pausada y serena, acercándose para abrazarla.

Marcy abrazó con mucho amor a Morita, y justo en ese momento, un pétalo de rosa roja apareció sobre la arena blanca en el lugar donde permanecía Morita de pie, recibiendo el abrazo de Marcy.

Cuando Morita se dio cuenta de que los pétalos de rosa roja provenían de ella, se asustó.

—Luli, Marcy, ¿qué me está pasando? ¿Por qué estos pétalos de rosa roja están saliendo de mí? —preguntó asustada Morita.

—Tranquila, Morita, este es tu gran regalo, este es el lenguaje que usó tu cuerpo para avisarte de que ya floreció en ti la primera semilla, y esto significa que se han despertado los cuatro poderes creativos que te acompañarán por el resto de tu vida. Cuatro poderes creativos que estarán disponibles en tu ser para usarlos según lo que la vida te vaya invitando a danzar —le explicó Marcy.

—¿Como así? No entiendo —dijo Morita.

—¿Recuerdas algo que te dijo Clay sobre el ritmo de la vida? —le preguntó Marcy.

—Sí, recuerdo que me dijo algo de eso, pero... ¿me lo podrías recordar? —dijo Morita con voz dudosa.

—Claro que sí, Morita —le dijo la tortuga Marcy—. Lo que te explicaba Clay en el anterior portal es que la vida nos cambia de música sin avisarnos, unas veces aparece cumbia; otras veces, rock; otras veces, salsa. Cada vez un ritmo diferente. Si pretendieras danzar todas las músicas utilizando el mismo paso, hará que te sientas enredada, confundida y sin poder fluir con el ritmo de tu vida. El bello y mágico regalo, exclusivo de nosotras las mujeres, son estos cuatro poderes creativos que se han despertado en ti, estas cuatro energías que nos impulsan a la acción, a percibir desde el corazón, a conectar con nuestra intuición y a abrirnos a nuestro ser.

—¿Y qué quiere decir que estarán disponibles para mí, para usarlos por el resto de mi vida? —volvió a preguntar Morita.

—A partir de este momento, todos los meses se renovarán estos poderes creativos en ti. Sabes que se renuevan cuando cada mes liberas de tu cuerpo los pétalos de rosas rojas, tal como acaban de ser liberados cuando te abracé. Estos pétalos son el final y el comienzo de tus ciclos. Y esto te recordará que lo que a veces creemos es el fin de un proceso, no es más que un nuevo comienzo, con energías y poderes creativos renovados —le explicó con mucho amor Marcy.

Luego de la explicación, Luli se despidió nuevamente de Morita y la dejó con la tortuga Marcy.

Marcy y Morita se fueron caminando muy lentamente por la arena blanca hasta que llegaron a un espacio donde las palmeras, que crecieron muy cercanas, armaron un techito natural. Allí ambas se podrían proteger del sol y dejarse acariciar por el aire fresco que producía el movimiento de sus palmas.

A los pocos minutos de estar allí, Marcy se empezó a acurrucar dentro de su caparazón, pero antes de hacerlo le dijo a Morita:

—Este es un momento de pausa, solo permítete respirar, disfrutar y entregarte a este momento presente. Solo permítete ser.

Morita no entendió mucho lo que trató de decirle Marcy, pero como vio que ella se quedó en silencio y acurrucadita en su caparazón, trató de imitarla y también se quedó en silencio.

Pasaron dos minutos y Morita no aguantaba más estar en silencio, miraba para un lado y para el otro, se tocaba el cabello, se tocaba los pies.

—Tranquila, es normal que la primera vez que escuches tu silencio, te sientas inquieta y hasta te dé algo de miedo. Pero si te entregas a este momento, te prometo que será una experiencia mágica —dijo Marcy desde el caparazón con una voz tranquila y calmada.

—Sí, pero cómo hago para quedarme quieta y que mis pensamientos no se muevan como unos sarapicos de aquí para allá y de allá para acá —alegó Morita.

—Bueno, tus pensamientos siempre van a estar presentes, jamás desaparecerán, lo que sí vas a poder hacer es que se tranquilicen y se transformen en hojitas relajadas que fluyen en un río en calma.

—Suena fácil, pero ¿cómo se logra? —refutó Morita como siempre.

—Eso se logra volviendo al cuerpo —respondió la tortuga Marcy con voz muy lenta y profunda.

—¿Volviendo al cuerpo?, ¿y eso qué significa? —preguntó Morita.

—Significa que en vez de estar siguiendo el recorrido caótico de tus pensamientos moviéndose como sarapicos, vas a poner toda tu atención en tu cuerpo, iniciándola en tu respiración. Vas a activar conscientemente tus SUMA como te enseñó la loba Likana, y estarás atenta a percibir cómo el latido de tu corazón se va calmando, y cómo cada parte de tu cuerpo se va relajando. Y adivina, ¿qué les pasará a tus pensamientos si estás prestando atención a tu cuerpo?

—¿Qué? —preguntó Morita.

—Pues que se van a transformar en hojitas relajadas que nadan en un río tranquilo, y podrás ver desde la calma y la claridad lo real y verdadero —expresó Marcy.

—Voy a intentarlo —dijo Morita.

¡Aaah!, y se me olvidaba, debes hacer esto con los ojos cerrados, así armas tu propio caparazón de tortuga que te permite descansar en tu cuevita mágica y ver con más claridad que cuando tienes los ojos abiertos —le explicó Marcy.

—¡Ok!, gracias por el *tip* —dijo Morita sonriendo.

Fue así como Morita se recostó con sus ojitos cerrados y empezó a respirar lento y profundo, fijándose en cómo entraba y salía el aire por los huequitos de su nariz, sintiendo su corazón y dándole permiso a cada parte de su cuerpo para relajarse, y poco a poco fue dejando entrar al silencio, que la abrazó con mucha delicadeza hasta que sin darse cuenta se durmió.

Al rato despertó Morita y vio que la tortuga Marcy la estaba mirando. Entonces se asustó y dio un brinco que la hizo sentar.

—Ja, ja, ja —rio la tortuga Marcy—. Tranquila, tranquila…, no pasa nada, si te quedaste dormida, quiere decir que te relajaste tanto que te entregaste al sueño profundo. Poco a poco, en la medida que practiques más, podrás dejarte abrazar del silencio sin dormirte, y así podrás escuchar tu voz interior, esa vocecita que solo se puede escuchar cuando estamos en silencio. ¿Quieres darte un chapuzón en el mar? —le preguntó Marcy.

—Claro que sí, me encantaría —dijo Morita.

—Bueno, solo quiero hacerte una petición —completó su frase Marcy.

—¿Cuál?

—Que, por tan solo este momento, camines a mi ritmo —le dijo Marcy con voz lenta.

—¿Quéééé? —dijo Morita abriendo los ojos—. Y ¿cuándo vamos a llegar a la orilla?

—Ja, ja, ja —se rio a carcajadas Marcy—. Quizás te parezca una eternidad, pero estoy segura de que al final me dirás otra cosa. Por favor, inténtalo —le insistió Marcy.

Y sin quererlo mucho, Morita aceptó cambiar el ritmo rápido con el que acostumbraba a caminar, por un ritmo lento. Emprendieron la caminata con el objetivo de ir a la orilla, y Morita hacía un esfuerzo por dar pisadas conscientes, sentidas y lentas sobre la blanca arena. Y mientras trataba de ir al ritmo de los pasos cortos y lentos de la tortuga Marcy, vino a su mente algo que le había dicho hacía un momento sobre cómo el cambio de música nos pide cambios de pasos para avanzar con ritmo en la vida.

Entonces, consciente de esto, Morita se atrevió a avanzar siguiendo los pasos de la tortuga Marcy. Caminando desde la tranquilidad y la calma, descubrió que desde esta forma también era posible disfrutar del camino, se dio cuenta del calorcito de la arena, se dio cuenta de que había diversos tonos de arena blanca, se dio cuenta de las caracolas que adornaban el camino; pudo ver cómo a través de unos diminutos huequitos perfectamente circulares salían y entraban diminutos cangrejitos; pudo sentir el olor del mar, la brisa fresca sobre su piel y cómo se le movía el cabello, y pudo escuchar el sonido de las olas como si ya estuviera dentro del mar. Fue así como Morita experimentó en su cuerpo la magia del silencio y de los movimientos lentos.

Cuando llegaron al mar, Morita y Marcy sintieron las olas sobre sus dos pies y sus cuatro patitas, y fueron ingresando al mar hasta que sus cuerpos estaban flotando como hojitas relajadas. Simplemente ser y estar como parte del mar. Allí se pasaron un rato largo en silencio.

Luego salieron a la orilla y contemplaron el atardecer con un cielo muy rojizo y un sol naranja intenso, todo esto lo hicieron disfrutando del silencio.

—Morita, ¿cómo te sientes desde este lugar? —preguntó Marcy.

—Me siento diferente, me siento tranquila, me siento cansada y con ganas de estar quieta sin hacer nada —le respondió Morita.

—Así es, Morita, esta sensación de no tener ganas de hacer nada es propia de este portal donde se liberan los pétalos de rosa roja —le dijo Marcy con voz suave—. Y te explico más… Este portal en el que nos encontramos, representa una etapa del camino que nos enseña a dejar atrás lo que ya cumplió su propósito en nuestra vida, nos enseña a despedimos con gratitud por lo vivido, con todo lo aprendido y disfrutado en el camino. Es como si dentro de nosotras se abriera un espacio para morir y así poder renacer a un nuevo ciclo, disponiendo de poderes creativos recargados para volver a tenerlos listos para usarlos.

—Mmm… —se quedó pensando Morita.

—Está bien que necesites andar más lento como las tortugas, y no pasa nada. Está bien estar contigo en tu caparazón mágico para dejarte abrazar por el silencio y escuchar lo verdadero y real. Está bien hacer la pausa para darle el tiempo y el espacio a tus poderes creativos de recargarse antes de volver a empezar el ciclo y salir al mundo por tus sueños —continuó diciendo Marcy.

—¿Y cuánto tiempo me durará esta sensación de querer danzar la vida como tortuga? —preguntó Morita.

—Te durará más o menos el tiempo que puedas ver los pétalos de rosa roja liberándose desde tu cuenco mágico, es decir, desde tu centro de poder, donde se activan tus poderes creativos —le respondió Marcy.

—¿Y ahora qué haremos, Marcy? —preguntó Morita.

—Antes de continuar, quisiera que me cuentes cuál crees tú que es el cuarto poder creativo que te regala este portal —le preguntó Marcy.

—Yo creo que el cuarto poder creativo se refiere a la **quietud**, al **silencio**, a la **transformación**, a simplemente **ser** y a **renacer**.

—Qué sabias han sido cada una de tus palabras, podría decir que **el cuarto poder creativo: pausa y renacimiento,** ya se ha despertado y lo sentirás con mayor intensidad cuando tu cuerpo esté danzando en la fase de menstruación —le dijo Marcy mirándola con mucho amor.

—Gracias a ti, Marcy, por enseñarme a no temer al silencio y entregarme simplemente a ser —le dijo Morita con un abrazo.

—Ya nos hemos refrescado con el mar, ahora vamos a regresar hacia el lugar de las palmeras, y allí esperaremos por una gran sorpresa.

—¡Uy!, ¡qué rico! A mí me encantan las sorpresas —expresó Morita con emoción.

Y diciendo esto emprendieron el camino de regreso. Cuando llegaron descubrieron que había una gran fiesta con un letrero amarrado entre dos palmeras que decía: **«Tus poderes creativos están despiertos, danza con ellos por el resto de tu vida»**

Luli tomó a Morita de la mano y la invitó a ubicarse en el centro de un círculo sagrado, conformado por la loba Likana, la delfín Alane, la gata Clay y la tortuga Marcy, quienes empezaron a danzar a su alrededor, con una música que parecía provenir del cielo, de la tierra, del mar, del aire. Primero todas danzaron con el movimiento de la acción, dirección y determinación de la loba Likana, luego cambió la música y todas danzaron desde el movimiento que entra en contacto

y cuida de otros, que expresa creación, que juega y se divierte como lo hace la delfín Alane, luego cambió la música y todas danzaron disfrutando desde su ser auténtico, salvaje, misterio y gozoso; después la gata Clay nuevamente cambió la música, era el turno para danzar como la tortuga Marcy, desde los movimientos lentos, sutiles, sentidos y silenciosos. Luego sonó una música distinta, todas se miraron sorprendidas porque no estaba tan claramente definido qué ritmo era, así que todas simplemente cerraron los ojos, dejaron que la música las envolviera y empezaron a moverse como su cuerpo lo sentía.

Fue así como surgió una danza que integraba todas las danzas anteriores y creaba algo superior. Morita, que estaba en el centro, se dio cuenta de que no había un poder creativo mejor que otro, cada poder creativo tenía un propósito y un regalo que recibía con amor, y que se comprometía a honrarlos y a utilizarlos por el resto de su vida.

FIN